O ESSENCIAL

Chico Xavier

PELO ESPÍRITO
EMMANUEL

O ESSENCIAL

Copyright © 2014 by
FEDERAÇÃO ESPÍRITA BRASILEIRA – FEB

Direitos licenciados pelo Centro Espírita União à Federação Espírita Brasileira
CENTRO ESPÍRITA UNIÃO – CEU
Rua dos Democratas, 527 – Jabaquara
CEP 04305-000 – São Paulo (SP) – Brasil

1ª edição – 4ª impressão – 1 mil exemplares – 10/2024

ISBN 978-85-9466-310-8

Todos os direitos reservados. Nenhuma parte desta publicação pode ser reproduzida, armazenada ou transmitida, total ou parcialmente, por quaisquer métodos ou processos, sem autorização do detentor do *copyright*.

FEDERAÇÃO ESPÍRITA BRASILEIRA – FEB
SGAN 603 – Conjunto F – Avenida L2 Norte
70830-106 – Brasília (DF) – Brasil
www.febeditora.com.br
editorial@febnet.org.br
+55 61 2101 6161

Pedidos de livros à FEB
Comercial
Tel.: (61) 2101 6161 – comercial@febnet.org.br

Adquirindo esta obra, você está colaborando com as ações de assistência e promoção social da FEB e com o Movimento Espírita na divulgação do Evangelho de Jesus à luz do Espiritismo.

Dados Internacionais de Catalogação na Publicação (CIP)
(Federação Espírita Brasileira – Biblioteca de Obras Raras)

E54e	Emmanuel (Espírito)
	O essencial / pelo Espírito Emmanuel; [psicografado por] Francisco Cândido Xavier. – 1. ed. – 4. imp. – Brasília: FEB; São Paulo: CEU, 2024.
	80 p.; 17,5 cm
	ISBN 978-85-9466-310-8
	1. Espiritismo. 2. Obras psicografadas I. Xavier, Francisco Cândido, 1910–2002. II. Federação Espírita Brasileira. II. Título.
	CDD 133.93
	CDU 133.7
	CDE 80.03.00

Sumário

Prefácio 9

CAPÍTULO 1
Vem e auxilia. 13

CAPÍTULO 2
Amor em ação. 16

CAPÍTULO 3
De novo. 18

CAPÍTULO 4
Trabalhar sempre 20

CAPÍTULO 5
O melhor. 22

CAPÍTULO 6
Dinheiro 24

CAPÍTULO 7
Trabalha e conseguirás. 26

CAPÍTULO 8
Dor e prece 28

CAPÍTULO 9
Não reproves. 30

CAPÍTULO 10
Caridade da coragem 32

CAPÍTULO 11
Buscando paz 35

CAPÍTULO 12
O amigo infalível. 37

CAPÍTULO 13
As três escolhas 39

CAPÍTULO 14
Atritos. 41

CAPÍTULO 15
Julgamentos 43

CAPÍTULO 16
Riqueza e ação 45

CAPÍTULO 17
Migalha e caridade 47

CAPÍTULO 18
Ato de confiança......................... 49

CAPÍTULO 19
Sentenciados 51

CAPÍTULO 20
Provas 53

CAPÍTULO 21
Silêncio 55

CAPÍTULO 22
Crítica e trabalho 57

CAPÍTULO 23
Medidas de amor 59

CAPÍTULO 24
Essenciais 61

CAPÍTULO 25
Realidade e suposição 63

CAPÍTULO 26
Ato de fé 66

CAPÍTULO 27
Vencer.................................... 68

CAPÍTULO 28
Sempre adiante............................ 70

CAPÍTULO 29
Ante o Além 74

CAPÍTULO 30
Silêncio e prece........................... 76

Prefácio

Todos concordamos – afirmou um amigo, interpretando o pensamento de muitos circunstantes – em que não nos será lícito esquecer o valor dos grandes livros que asseguram a estabilidade da Civilização. Uma estrela pode retratar-se num poço de água límpida, à vista da imensa distância que os separa, mas a Ciência, a Filosofia, a Religião e a História, de modo integral, não se enquadram num opúsculo...

*

O companheiro fez longa pausa e acentuou:

– Os problemas da vivência, no relacionamento humano, porém, guardam com Jesus, o ápice da síntese, quando Ele, o próprio Divino Mestre, nos recomendou: "Amai-vos uns aos

Chico Xavier
PELO ESPÍRITO EMMANUEL

outros tal qual eu vos amei". O Senhor demonstrou que nos é possível, em matéria de vida e amor, elevação e paz, obter a condensação de grandes ensinamentos para a edificação do nosso mundo íntimo, com o máximo de reflexões num mínimo de tempo...

*

E prosseguiu:
— Aqui mesmo na Terra, dispomos de muitas frações de minutos e até mesmo de horas, em múltiplos lugares. Gastamos, por vezes, vários pedaços de tempo, em salas de espera; na expectativa do encontro marcado com amigos que se veem obrigados a retardar a própria chegada; nos longos trajetos de ônibus; nas filas de atendimento em repartições, cuja elasticidade dos serviços necessitamos; nas ocasiões de repouso corpóreo, nas quais é indispensável faça-se a reparação de determinado órgão do veículo físico que usufruímos...

*

E concluiu:

O ESSENCIAL
PREFÁCIO

— Por que não solicitar de um amigo espiritual um volume contendo frases curtas e ideias renovadoras, nas quais se nos faça possível meditar em torno de certas lições e diretrizes da vida e assimilá-las devidamente? Um livro simples e sem pretensões que seja para nós outros um repositório do essencial?

*

Amigo leitor, dos enunciados a que nos reportamos, nasceu este livro que te colocamos nas mãos respeitosamente. Um volume simples, de temas essenciais para atitudes essenciais.

Ao entregar-te, assim, o trabalho aqui configurado, rogamos a Jesus, o nosso Divino Mestre, nos inspire e nos abençoe.

EMMANUEL
UBERABA (MG), 20 DE MARÇO DE 1986.

CAPÍTULO 1
Vem e auxilia

Acendeste mais luz na inteligência e, por isso, consegues observar, mais longe, o campo das necessidades humanas.

*

Sabes onde se oculta a ignorância, suscitando a carência de luz, e onde se alteia o brilho do conhecimento enobrecido que te faculta o reconhecimento da universalidade da vida, a prenunciar-te o júbilo da consciência cósmica.

*

Entretanto, não olvides estender a mão aos companheiros que renteiam contigo, chegando da retaguarda.

Chico Xavier
PELO ESPÍRITO EMMANUEL

Muitos se marginalizaram nas trevas por desconhecerem o caminho que já podes trilhar.

*

Ontem, igualmente tateavas.
Hoje, conheces.

*

Reparte o pão da luz espiritual que amealhaste, a fim de que outros se nutram dele, de modo a buscarem, por eles próprios, a riqueza das instruções que usufruis.

*

Não reproves aqueles que ainda não dispõem da força precisa, a fim de acompanhar-te.
Ei-los que te aguardam as diretrizes.

*

Sabes que ninguém adquire a elevação espiritual por osmose.
Em razão disso, todos os irmãos que vacilam na estrada, entre a negação e o sofrimento, entre a dúvida e o desânimo, não te reclamam prodígios que lhes operem a renovação do mundo interior de um momento para outro.

*

O ESSENCIAL
VEM E AUXILIA

Todos eles, filhos de Deus, tanto quanto nós, são criaturas que se candidatam à escalada para a Vida Maior e, para isso, te rogam apenas o calor da simpatia e uma réstia de luz.

CAPÍTULO 2
Amor em ação

Paciência, em verdade,
É o amor em ação.

Todo bem traz por si
Paciência na base.

A semente no solo
Aguarda tolerância.

A árvore pede amor
A fim de produzir.

O ESSENCIAL
AMOR EM AÇÃO

Que a paciência em nós
Seja a calma em trabalho.

A grandeza do mundo
É a paciência de Deus.

CAPÍTULO 3
De novo

Se caíste em serviço,
Levanta-te e caminha.

Por nada te envergonhes
Começar outra vez...

Nem te humilhe rogar
Auxílio a um companheiro.

Ainda moras na Terra,
Não no País dos Anjos.

O ESSENCIAL
DE NOVO

Toma a charrua e lavra
O solo que te espera.

De novo, planta o bem;
Deus te protegerá.

CAPÍTULO 4
Trabalhar sempre

Não te imobilizes, à beira da estrada, aguardando o ensejo de ser feliz.

*

O êxito real não é um fruto de ouro na bandeja da gratuidade.

*

Adere ao trabalho e aprende a servir.

*

Seja qual seja o lugar em que estivermos, é preciso empregar as forças disponíveis da própria existência no esforço máximo ante o dever a cumprir, para que nos entreguemos ao melhor que consigamos fazer de nós mesmos.

*

O ESSENCIAL
TRABALHAR SEMPRE

A vitória em determinado setor, sem dúvida, surgir-te-á com o auxílio que os outros te ofereçam, mas somente perseverará contigo através do auxílio que te disponhas a oferecer aos outros.

*

Não te julgues inútil nem te suponhas superior aos demais.

*

Recorda as múltiplas possibilidades que usufruis, no sentido de te desdobrares no amparo aos semelhantes e trabalha pelo prazer de agir, colaborando na segurança da vida comunitária.

*

Entre desejar e esperar, melhor é fazer e a senda única indicada a todos aqueles que realizam algo de útil, a benefício do próximo, será sempre servir ampliando o trabalho e trabalhar sempre para melhor servir.

CAPÍTULO 5
O melhor

Muitos sonhos nutriste
Que não se realizaram.

Pediste aos Céus a paz
E tiveste mais lutas.

Rogavas a abastança
E a carência te segue.

Achaste o Grande Amor
Em rude desencontro.

O ESSENCIAL
O MELHOR

Seja qual for a prova,
Não chores. Agradece.

Não duvides da Lei,
Deus faz sempre o melhor.

CAPÍTULO 6
Dinheiro

Não digas que o dinheiro
É instrumento do mal.

Tens nele o servidor
Que te cumpre a vontade.

O dinheiro é suor
Convertido em cifrão.

Respeita-lhe a presença
E dá-lhe funções nobres.

O ESSENCIAL
DINHEIRO

A moeda no Bem
Faz prodígios de amor.

Dinheiro em bom caminho
É socorro de Deus.

*Tens um amigo infalível.
Conta com ele. É Deus.*

*A vida não termina
Onde a morte aparece.*

CAPÍTULO 7
Trabalha e conseguirás

Não te perturbes nas horas de crise.

*

Se perdeste o emprego, trabalha e conseguirás outro.

*

Se te surgem transformações no ambiente profissional, trabalha e, para logo, conquistarás a precisa adaptação.

*

Se alterações negativas te aparecem no campo familiar, continua trabalhando e

O ESSENCIAL
TRABALHA E CONSEGUIRÁS

reconhecerás, em silêncio, que toda pessoa, com o tempo, se coloca naquilo que procura.

*

Se te vês à frente da desvinculação inoportuna de uma criatura querida que se afasta do recanto doméstico, prossegue trabalhando e poderás auxiliá-la, devidamente, em qualquer episódio infeliz.

*

Se teus filhos, na maioridade, resolverem residir à distância de tua presença, não te aborreças por isso; respeita-lhes a vontade e continua trabalhando, à espera do dia que lhes assinale a presença.

*

Não te confies à inquietação ou ao desespero.
Em qualquer circunstância, trabalha e espera por Deus, cujo infinito amor não te faltará.

CAPÍTULO 8
Dor e prece

Se a provação te busca,
Não te rebeles. Ora.

Talvez não obtenhas
O que rogues ao Céu.

Perceberás, porém,
A vida a transformar-se.

Brotar-te-á no ser
A luz do entendimento.

O ESSENCIAL
DOR E PRECE

Ouvirás em ti mesmo
A voz da compreensão.

E notarás que dor
É uma bênção de Deus.

CAPÍTULO 9
Não reproves

Não reproves o amigo
Que te deixou na estrada.

Não lhe viste os conflitos
Antes de se afastar.

Louva o Céu que te guarda
Os pés na senda justa.

De quem se foi, recorda
Os bens que recebeste.

O ESSENCIAL
NÃO REPROVES

Agradece o caminho
Que o Senhor te assinala.

Da seara do amor
Que saiu voltará.

*O verbo vale mais
Quando se aprende a ouvir.*

CAPÍTULO 10
Caridade da coragem

Uma espécie de caridade de que poucos amigos se lembram: a caridade da coragem.

*

Recorda os companheiros que adoeceram por falta de energia emocional, diante de confidências amargas; dos que enlouqueceram, ouvindo denúncias lamentáveis, não vacilando em atingir a própria delinquência, ante o ressentimento de que se viram acometidos, ao recolherem anotações indébitas, em torno da vida familiar; dos irmãos outros que, receando dificuldades e obstáculos da existência, se mergulharam nos alucinógenos sem necessidade; dos

O ESSENCIAL
CARIDADE DA CORAGEM

que se impressionaram em demasia com sintomas sem maior importância e caíram na rede das moléstias imaginárias que lhes devastam a mente; e daqueles que se confiaram à subversão, em matéria de trabalho, acompanhando impensadamente as atitudes destrutivas de colegas revoltados e infelizes.

*

Pensa naquelas criaturas que te aguardam a assistência e o carinho e que ainda não te podem dispensar a presença protetora, a fim de se consagrarem as obrigações que lhes dizem respeito.

*

Reflete nas calamidades afetivas, provocadas pela fraqueza daqueles que desertam dos compromissos assumidos, arruinando o caminho de famílias inteiras.

*

Meditemos nos infortúnios a que nos referimos e pede ao Senhor te acrescente a capacidade de resistir às tentações e ao medo, à omissão e ao desânimo, porque nós todos não

Chico Xavier
PELO ESPÍRITO EMMANUEL

prescindimos de equilíbrio para executar os encargos que abraçamos e é indispensável se reafirme em cada um de nós a forca espiritual suficiente para agir com intrepidez, sem temeridade, e a disposição de cultivar a coragem de sermos fiéis à Lei de Deus.

*Virtude que condena
É orgulho disfarçado.*

CAPÍTULO 11
Buscando paz

Aquele que te agride
Pode ser um doente.

Não te queixes. Espera,
Não dramatizes. Ora.

O troco do silêncio
É uma bênção de paz.

Recorda quantas vezes
Ferimos sem querer.

Chico Xavier
PELO ESPÍRITO EMMANUEL

Se o golpe é dos mais graves,
Entrega o assunto a Deus.

Para sanar o mal,
Bastar-se-á viver.

CAPÍTULO 12
O amigo infalível

Viste calamidades
Que jamais esperaste.

Cultivaste afeições
Que te armaram ciladas.

Carinho que plantaste
Produziu menosprezo.

Não permitas, porém,
Que a tristeza te arrase.

Chico Xavier
PELO ESPÍRITO EMMANUEL

Trabalha, espera e serve.
Não desistas do bem.

Tens um amigo infalível.
Conta com ele. É Deus.

Lembra-te sempre disto:
Tens somente o que és.

CAPÍTULO 13
As três escolhas

O discípulo apresentou-se ao orientador cristão e indagou:

– Instrutor, em sua opinião, qual é a lei que englobaria em si todas as Leis de Deus?

O interpelado respondeu:

– A Lei do Bem

– Entretanto – acrescentou o aprendiz – quem diz "lei" refere-se a clima de ação que todos devemos observar.

– Isso mesmo.

– Nesse caso, onde ficaria o livre-arbítrio?

O orientador meditou alguns momentos e considerou:

– O livre-arbítrio é concedido a todas as criaturas conscientes, porquanto, "a cada Espírito será dado o que lhe cabe receber, conforme as

Chico Xavier
PELO ESPÍRITO EMMANUEL

próprias obras". O Criador, porém, não é autor de violência. Por isso, até mesmo ante a Lei do Bem, a pessoa humana dispõe de três opções distintas. Poderemos segui-la, parar na senda evolutiva, de modo a não segui-la, ou afastarmo-nos dela pelos despenhadeiros do mal.

– Instrutor amigo, esclareça, por obséquio, a que resultados nos levam as três escolhas referidas?

O mentor aclarou, com serenidade:

– Os que observam a Lei do Bem se encaminham para as Esferas Superiores; os que preferem descansar em caminho, por vezes se demoram muito tempo na inércia, retomando a marcha com muitas dificuldades para a readaptação às tarefas da jornada; e os que se distanciam voluntariamente, nos resvaladouros do desequilíbrio, muitas vezes, gastam séculos, presos nos princípios de causa e efeito, até que, um dia, deliberem aceitar a própria renovação... Compreendeu?

O aprendiz fez leve movimento afirmativo e começou a pensar.

CAPÍTULO 14
Atritos

Nos atritos do mundo,
Não te omitas. Aceita.

Que seria de nós,
Sem a prova que educa?

Pelo buril do artista,
Faz-se a pedra obra-prima.

A mente sem problemas
Repousaria inútil.

A luz do sofrimento
Vem de pranto e suor.

Chico Xavier
PELO ESPÍRITO EMMANUEL

Se a provação te apura,
Rende graças a Deus.

CAPÍTULO 15
Julgamentos

Se alguém te surge em erro
Tranquiliza-te e cala.

Não sabes o princípio
Dos fatos que registras.

Quanta dor na criatura
Antes de haver caído!...

Se vês a falta alheia,
Usa a misericórdia.

Virtude que condena
É orgulho disfarçado.

Chico Xavier
PELO ESPÍRITO EMMANUEL

Hoje, podes julgar...
Amanhã, ninguém sabe.

CAPÍTULO 16

Riqueza e ação

Todas as oportunidades de estudo e progresso, aprimoramento e educação, constituem talentos que o Senhor nos empresta, a fim de que possamos com ele colaborar na extensão da Obra Divina.

Em razão disso, a riqueza não é somente o depósito bancário ou a bolsa repleta.

*

Riqueza é também a saúde que produz reconforto e o pensamento equilibrado a exprimir-se em bênçãos de segurança.

Riqueza é a mão que trabalha e a inteligência que raciocina.

Chico Xavier
PELO ESPÍRITO EMMANUEL

Por isso mesmo, ninguém é tão pobre que não possa algo fazer na rota do bem comum.

Assim considerada, a riqueza no mundo é qual o sangue no corpo.

*

Ergue-se a máquina fisiológica, em todo o seu conjunto soberbo de peças, à base do líquido sanguíneo que circula, generoso e incessante.

Tudo nesse universo de células microscópicas é atividade infatigável, para que a vida se expresse divina e soberana.

*

A parada intempestiva ou o empobrecimento do sangue carreiam a morte.

Em nossa condição de ricos do dinheiro ou da habilidade, de coragem ou esperança, equilíbrio ou conhecimento, é indispensável nos devotemos ao serviço da elevação e da felicidade de todos os que nos cercam, uma vez que a preguiça, irmã gêmea da sovinice, é, em verdade, a fonte da ignorância que traz consigo, em tudo, as chagas da penúria e os tormentos do mal.

CAPÍTULO 17
Migalha e caridade

Qualquer dádiva é grande
Nas mãos da caridade.

Um gesto de bondade
É chave de socorro.

Há florestas que nascem
De uma semente humilde.

Gotas de sedativo
Suprimem grandes dores.

Quem serve reconhece
O poder da migalha.

Chico Xavier
PELO ESPÍRITO EMMANUEL

A simples vela acesa
Rechaça a escuridão.

CAPÍTULO 18
Ato de confiança

Se problemas te cercam,
Não te perturbes. Ora.

Muita dor que imaginas
Nunca aparecerá.

Arrima-te à esperança
E segue para a frente.

Amargura mantida
É corrosivo lento.

Segue fazendo o bem
E o bem te trará tesouros.

Chico Xavier
PELO ESPÍRITO EMMANUEL

Sobretudo, confia,
Deus te resguardará.

*A grandeza do mundo
É a paciência de Deus.*

*Não duvides da Lei,
Deus faz sempre o melhor.*

CAPÍTULO 19
Sentenciados

Os irmãos reeducandos, refugiados nas penitenciárias, efetivamente não se encontram sozinhos.

Retidos em prisões sem grades, em quase todos os lugares da Terra, surpreendemos sentenciados diversos, dentre os quais salientamos:

os presidiários das tribulações longas e dolorosas;

os réus do remorso, que gemem sob o peso de culpas que ocultam inconfessadas, no imo da consciência;

os detentos da rebeldia, que nunca se satisfazem com os recursos que a vida lhes coloca nas mãos;

Chico Xavier
PELO ESPÍRITO EMMANUEL

os prisioneiros do sofrimento nas trevas da inconformação, que se recusam a sair do labirinto de negação em que se escondem, fugindo à luz das consolações;

os irmãos que choram e, ao mesmo tempo, se encarceram em lamentações sem proveito, na teimosia e no desespero, repelindo a terapêutica do perdão e do trabalho que se lhes faria estrada libertadora;

os encadeados da angústia que se levantam contra os espinhos das grandes provações, suscetíveis de reconduzi-los ao equilíbrio e à paz de que se reconhecem distantes.

*

Ainda mesmo perante os irmãos considerados delinquentes, abstém-te de condenar.

*

Todos nós, Espíritos endividados ante as Leis de Deus, se abrirmos o próprio íntimo, diante de companheiros que se empenham a conhecer-nos, ei-los a soletrarem esta frase escrita com as nossas próprias lágrimas, no portal de entrada de nosso coração: "Compadece-te de mim".

CAPÍTULO 20
Provas

Aceita os instrumentos
Das provas que te apuram.

Toda renovação
Traz a dor onde surja.

Que seria da pedra
Sem toques de martelo?

Sem massacres do trigo,
Não teríamos pão.

Nos teus dias de crise,
Sofre com paciência.

Chico Xavier
PELO ESPÍRITO EMMANUEL

Tolerância nas provas
É degrau para Deus.

CAPÍTULO 21
Silêncio

O verbo vale mais
Quando se aprende a ouvir.

Cultiva onde estiveres
A força do silêncio.

Contempla a Natureza
A servir sem alarde.

Brilha o sol sem ruído,
Nasce a flor sem barulho.

Chico Xavier
PELO ESPÍRITO EMMANUEL

A frase que constrói
Será sempre uma bênção.

Mas escuta: o silêncio
Traz as vozes de Deus.

CAPÍTULO 22
Crítica e trabalho

O trabalho edificante, em andamento no plano físico, onde se reúnem milhões de criaturas diferentes, não se desenvolve sem crítica.

*

A pancadaria verbal sempre cerca os obreiros. E explodem afirmações quais estas:

– Por que tanta lentidão nos detalhes?

– É impossível que não estejam vendo as falhas que se mostram.

– Aquele cooperador é um desastre.

– Não se compreende tarefa assim tão importante em mãos tão incompetentes.

– Não consigo colaborar com gente tão despreparada!...

– Tudo cairá sobre a turma irresponsável.

Chico Xavier
PELO ESPÍRITO EMMANUEL

– Estão todos errados...
– Aguardemos o fracasso total...

*

Quando essas frases se te fizerem ouvir, não temas e prossegue trabalhando...

*

Imperfeições todos temos e teremos até alcançarmos o Plano Divino.

Problemas evidenciam presença e colaboração.

Dificuldades trazem observação e observação gera segurança.

Deixa que a censura te vigie e prossegue adiante.

*

Apesar de nossos erros e acima de todas as nossas deficiências, a construção do Bem não nos pertence. Pertence a Jesus, que zelará por ela, em nome de Deus. E sabemos que o trabalho de Jesus não pode nem deve parar.

CAPÍTULO 23
Medidas de amor

Esperavas amigos
Na fé com que te nutres.

E chegaram de longe,
À busca de teus passos.

Entretanto, aprendeste
Que não são quem pensavas.

Esse é fraco e te aflige,
Outro te aumenta as provas.

Mas quanto for possível,
Não afastes nenhum.

Chico Xavier
PELO ESPÍRITO EMMANUEL

Com eles, Deus te mede
O tamanho do amor.

CAPÍTULO 24
Essenciais

Lembra-te sempre disto:
Tens somente o que és.

O que fazes de ti
É aquilo que possuis.

Corpo em que moras hoje
Sofre a lei do desgaste.

A posse que reténs
Passará a outras mãos.

Recorda: a evolução
Tudo alcança e renova.

Chico Xavier
PELO ESPÍRITO EMMANUEL

Em derradeira instância,
Importará só Deus.

*A moeda no Bem
Faz prodígios de amor.*

CAPÍTULO 25
Realidade e suposição

Quando te sintas em dificuldade no relacionamento com os outros, observa que, muitas vezes, esses mesmos outros suportam problemas e percalços muito maiores do que os nossos.

*

Semelhante exercício te renovará os pensamentos e a compaixão te surgirá no íntimo, obstando-te a queda em pessimismo e revolta.

*

Se possuísses um engenho capaz de radiografar os sentimentos alheios, reconhecerias,

Chico Xavier
PELO ESPÍRITO EMMANUEL

de pronto, o contraste entre a suposição e a realidade.

*

Aquele chefe supostamente arbitrário guarda consigo a mente esfogueada de inquietações pelo próprio serviço de que recebes os recursos que se te fazem necessários à vida.

*

Provavelmente o amigo que não te notou a presença carrega as próprias ideias e emoções concentradas num filhinho doente.

*

A senhora que tantos julgavam excessivamente enfeitada assim se preparou diversos dias a fim de solicitar emprego a determinadas autoridades para o esposo recém demitido da organização em que trabalhava.

*

O rapaz que passou conduzindo o carro em alta velocidade, é portador de um cérebro enfermiço.

*

O ESSENCIAL
REALIDADE E SUPOSIÇÃO

O artista que se negou a colaborar contigo na realização das boas obras em que te empenhas estará sob o peso de terrível estafa.

*

A ninguém julguemos precipitadamente.

*

Procuremos o melhor de cada situação e de cada criatura, de modo a seguirmos para diante com o melhor a fazer, esquecendo o desnecessário.

*

Em muitos lances de marcha na direção de Deus, erramos, a fim de aprender com segurança, ou caímos, de modo a levantar-nos para conquistar o equilíbrio seguro.

*

Ninguém segue sem o apoio de alguém nos caminhos da vida.
Em vista disso, compadeçamo-nos dos outros para que os outros se compadeçam de nós.

CAPÍTULO 26
Ato de fé

Em todo instante,
Confio em Deus.

No que faço,
Penso em Deus.

Com quem vivo,
Amo a Deus.

Por onde sigo,
Sigo com Deus.

No que acontece,
Deus faz o melhor.

O ESSENCIAL
ATO DE FÉ

Tudo o que tenho
É bênção de Deus.

CAPÍTULO 27
Vencer

Resguarda a consciência
Sempre limpa de culpas.

Ante as provas da vida,
Não esmoreças, nunca.

Se vieste a cair,
Ergue-te e recomeça.

Cultiva no trabalho
A bênção de teu pão.

Lembra a regra da paz:
Ama e perdoa sempre.

O ESSENCIAL
VENCER

Estende o bem a todos
E vencerás com Deus.

*Na sombra que te cerca,
Deus fará nova luz.*

CAPÍTULO 28
Sempre adiante

Quando o fracasso apareça, tentando gelar-te a coragem, não esmoreças.

*

Usa a paciência e a fé em Deus, sabendo, porém, que semelhantes qualidades não são recursos estanques.

*

Recomeça o trabalho que te caracteriza as atividades, buscando novo caminho.

*

Se ainda não existe esse ou aquele esquema para tarefas novas, reinicia-te no relacionamento com os outros.

O ESSENCIAL
SEMPRE ADIANTE

*

Sai de ti mesmo e procura a convivência com aqueles companheiros que, porventura, te possam auxiliar no cultivo de propósitos diferentes a que necessites talvez inclinar-te.

Faze-te alguém, à vista dos demais.

*

Alguém disponível.

*

Age, ainda que seja atendendo aos diálogos da via pública, sem o intuito de absorver o tempo alheio.

*

Ouve o que se fala e emite os apontamentos que consideres justos e humanos, no clima dos assuntos em foco, sem criticar a ninguém.

*

Se comentas as provações de algum companheiro a quem consigas doar alguns minutos de esperança e reconforto, faze isso com amor, sem exibição de benemerência.

*

Chico Xavier
PELO ESPÍRITO EMMANUEL

A convite de amigos que te solicitem a atenção e o concurso para a execução de tarefas julgadas à conta de inexpressivas e pequeninas, aceita os encargos que te forem conferidos, demonstrando gratidão e alegria, porquanto é provável que aí encontres as tuas melhores oportunidades de reerguimento para a reconquista da paz de que necessitas.

*

Ainda mesmo registrando lamentações de pessoas queridas acerca de falhas e quedas, nas quais possivelmente hajas incorrido em dias passados, silencia e trabalha, sem azedume e sem acusações para pessoas quaisquer.

*

Não dramatizes problemas superados, nem te detenhas a minudenciar obstáculos vencidos.

*

Não te concedas o luxo das recordações vazias de construtividade e segue adiante, à procura da tranquilidade que o novo engajamento em serviços te propiciará.

O ESSENCIAL
SEMPRE ADIANTE

Recorda que, nos caminhos evolutivos, as tribulações e as provas caem sobre nós todos, Espíritos encarnados e desencarnados, em aperfeiçoamento.

Quando isso te ocorra, valoriza o tempo e age, desvencilhando-te de qualquer ideia pessimista que te estorve a alegria de viver.

*

Se caíste, levanta-te e caminha.

E lembra-te de que Deus, em qualquer realização a que te afeiçoes, nunca te negará o ensejo de começar outra vez.

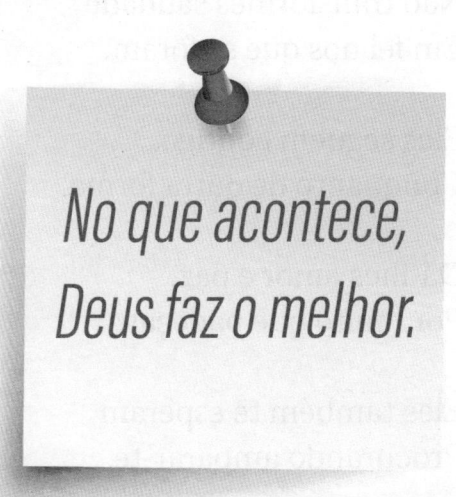

No que acontece, Deus faz o melhor.

CAPÍTULO 29
Ante o Além

A vida não termina
Onde a morte aparece.

Não transformes saudade
Em fel nos que se foram.

Eles seguem contigo,
Conquanto de outra forma.

Dá-lhes amor e paz,
Por muito que padeças.

Eles também te esperam
Procurando amparar-te.

O ESSENCIAL
ANTE O ALÉM

Todos estamos juntos,
Na presença de Deus.

CAPÍTULO 30
Silêncio e prece

Se algo te aflige a vida,
Não desesperes. Pensa.

Olha a terra alagada
Prometendo a colheita.

Fita as nuvens imensas
Desfazendo-se em chuva.

Quanto mal de outro tempo
Fez-se a bênção de hoje?

Se alguma dor te fere,
Faze silêncio e ora.

O ESSENCIAL
SILÊNCIO E PRECE

Na sombra que te cerca,
Deus fará nova luz.

O QUE É ESPIRITISMO?

O Espiritismo é um conjunto de princípios e leis revelados por Espíritos Superiores ao educador francês Allan Kardec, que compilou o material em cinco obras que ficariam conhecidas posteriormente como a Codificação: *O livro dos espíritos, O livro dos médiuns, O evangelho segundo o espiritismo, O céu e o inferno e A gênese.*

Como uma nova ciência, o Espiritismo veio apresentar à Humanidade, com provas indiscutíveis, a existência e a natureza do Mundo Espiritual, além de suas relações com o mundo físico. A partir dessas evidências, o Mundo Espiritual deixa de ser algo sobrenatural e passa a ser considerado como inesgotável força da Natureza, fonte viva de inúmeros fenômenos até hoje incompreendidos e, por esse motivo, são tidos como fantasiosos e extraordinários.

Jesus Cristo ressaltou a relação entre homem e Espírito por várias vezes durante sua jornada na Terra, e talvez alguns de seus ensinamentos pareçam incompreensíveis ou sejam erroneamente interpretados por não se perceber essa associação. O Espiritismo surge então como uma chave, que esclarece e explica as palavras do Mestre.

A Doutrina Espírita revela novos e profundos conceitos sobre Deus, o Universo, a Humanidade, os Espíritos e as leis que regem a vida. Ela merece ser estudada, analisada e praticada todos os dias de nossa existência, pois o seu valioso conteúdo servirá de grande impulso à nossa evolução.

LITERATURA ESPÍRITA

Em qualquer parte do mundo, é comum encontrar pessoas que se interessem por assuntos como imortalidade, comunicação com Espíritos, vida após a morte e reencarnação. A crescente popularidade desses temas pode ser avaliada com o sucesso de vários filmes, seriados, novelas e peças teatrais que incluem em seus roteiros conceitos ligados à espiritualidade e à alma.

Cada vez mais, a imprensa evidencia a literatura espírita, cujas obras impressionam até mesmo grandes veículos de comunicação devido ao seu grande número de vendas. O principal motivo pela busca dos filmes e livros do gênero é simples: o Espiritismo consegue responder, de forma clara, perguntas que pairam sobre a Humanidade desde o princípio dos tempos. Quem somos nós? De onde viemos? Para onde vamos?

A literatura espírita apresenta argumentos fundamentados na razão, que acabam atraindo leitores de todas as idades. Os textos são trabalhados com afinco, apresentam boas histórias e informações coerentes, pois se baseiam em fatos reais.

Os ensinamentos espíritas trazem a mensagem consoladora de que existe vida após a morte, e essa é uma das melhores notícias que podemos receber quando temos entes queridos que já não habitam mais a Terra. As conquistas e os aprendizados adquiridos em vida sempre farão parte do nosso futuro e prosseguirão de forma ininterrupta por toda a jornada pessoal de cada um.

Divulgar o Espiritismo por meio da literatura é a principal missão da FEB, que, há mais de cem anos, seleciona conteúdos doutrinários de qualidade para espalhar a palavra e o ideal do Cristo por todo o mundo, rumo ao caminho da felicidade e plenitude.

FEB editora
Livro espírita para um novo mundo
www.febeditora.com.br
@febeditoraoficial
@febeditora

Conselho Editorial:
Carlos Roberto Campetti
Cirne Ferreira de Araújo
Evandro Noleto Bezerra
Geraldo Campetti Sobrinho – Coord. Editorial
Jorge Godinho Barreto Nery – Presidente
Maria de Lourdes Pereira de Oliveira
Miriam Lúcia Herrera Masotti Dusi

Produção Editorial:
Elizabete de Jesus Moreira

Revisão:
Elizabete de Jesus Moreira
Rosiane Dias Rodrigues

Capa:
Evelyn Yuri Furuta

Projeto Gráfico:
Evelyn Yuri Furuta
Thiago Pereira Campos

Diagramação:
Thiago Pereira Campos

Foto de Capa:
Acervo FEB

Normalização Técnica:
Biblioteca de Obras Raras e Documentos Patrimoniais do Livro

Esta edição foi impressa pela Repro-Set Indústria Gráfica Ltda., Curitiba, PR, com tiragem de 1 mil exemplares, todos em formato fechado de 125x175 mm e com mancha de 92x38 mm. Os papéis utilizados foram o Off white slim 65 g/m² para o miolo e o Cartão 250 g/m² para a capa. O texto principal foi composto em fonte Kepler Std Light 14/16,8 e os títulos em Kepler Std Light Italic 35/34. Impresso no Brasil. *Presita en Brazilo.*